ESTRELLAS DE LA LITERATURA

VUELO ASÍ

AUTORES

MARGARET A. GALLEGO
ROLANDO R. HINOJOSA-SMITH
CLARITA KOHEN
HILDA MEDRANO
JUAN S. SOLIS
ELEANOR W. THONIS

HARCOURT BRACE & COMPANY

Orlando   Atlanta   Austin   Boston   San Francisco   Chicago   Dallas   New York
Toronto   London

Acknowledgments

For permission to reprint copyrighted material, grateful acknowledgment is made to the following sources:
Laredo Publishing Co., Inc.: Olmo y la mariposa azul by Alma Flor Ada. Copyright © 1993 by Laredo Publishing Co., Inc. Published by Laredo Publishing Co., Inc., Torrance, California.
Ediciones SM: Un abrigo crecedero by Margarita Menéndez. Copyright © 1989 by Margarita Menéndez. Published by Ediciones SM, Madrid, Spain.
Laredo Publishing Co., Inc.: El rabo de Gato by Clarita Kohen, illustrated by José Ramón Sánchez. Copyright © 1993 by Laredo Publishing Co., Inc. Published by Laredo Publishing Co., Inc., Torrance, California.
Editorial Sudamericana S.A.: "El mar" by María Elena Walsh from *El reino del revés.* Copyright © 1985 by Editorial Sudamericana S.A. Published by Editorial Sudamericana S.A., Buenos Aires, Argentina.
Lóguez Ediciones: "Por el alto río" excerpted from "Primavera" by Nicolás Guillén from *Por el mar de las Antillas anda un barco de papel* by Nicolás Guillén. Copyright © 1984 by Lóguez Ediciones. Published by Lóguez Ediciones, Madrid, Spain.
Every effort has been made to locate the copyright holders for the selections in this work. The publisher would be pleased to receive information that would allow the correction of any omissions in future printings.

Photo Credits:
Key: (t) = top, (b) = bottom, (c) = center, (bg) = background, (l) = left, (r) = right

6–7, HBJ/Gerry Ratto; 12–13, Michael Portzen/Laredo Publishing; 44, Laredo Publishing; 56–57 (bg), Breck P. Kent/Animals Animals/Earth Scenes; 57 (tl), Edgar T. Jones/Bruce Coleman; 57 (tr), Greg Vaughn/Tom Stack & Associates; 58–59, HBJ/Maria Paraskevas; 63, Laredo Publishing.

Illustration Credits

Cover by Pablo Torrecilla; Armando Martínez, 4, 5; Ludmil Dimitrov, 6, 7, 40, 41; Howard Maat, 8, 9, 42, 43; Pablo Torrecilla, 10, 11; Anne Boyiazis, 37; Misuk Pak, 60, 61; Richard Gamboa, 38, 39; Gina Menicucci, 78, 79, 80.

Printed in the United States of America.

ISBN 0-15-304433-0

10 11 12 13   048   00 99 98 97

Querido amigo:

Este libro te pondrá en camino a toda
clase de aventuras con niños como tú y
animales listos y graciosos.

¡Buen viaje!
Los autores

Í N D I C E

4

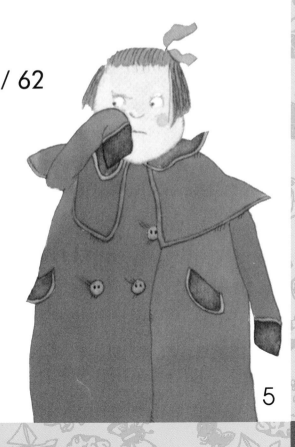

TEMA

EN CAMINO

¿Te gustaría viajar?
Cuando leas este cuento podrás
acompañar a un niño por muchos
lugares interesantes. Tal vez puedas
descubrir tus sueños con él.

7

Buen viaje

Con la mitad de un periódico
hice un buque de papel
y en la fuente de mi casa
va navegando muy bien.

Mi hermana con su abanico
sopla que sopla sobre él.
¡Muy buen viaje, muy buen viaje,
buquecito de papel!

Amado Nervo

9

Sobre el mar

Sobre el mar
hay una barca,
sobre la barca
un barquero,
sobre el barquero
una nube,
sobre la nube
un lucero.

Dora Alonso

Ilustración de Pablo Torrecilla

Olmo y la mariposa azul

Alma Flor Ada
Ilustraciones de Viví Escrivá

12

OLMO

y la mariposa azul

Alma Flor Ada

Ilustraciones de Viví Escrivá

LECTURA COMPARTIDA

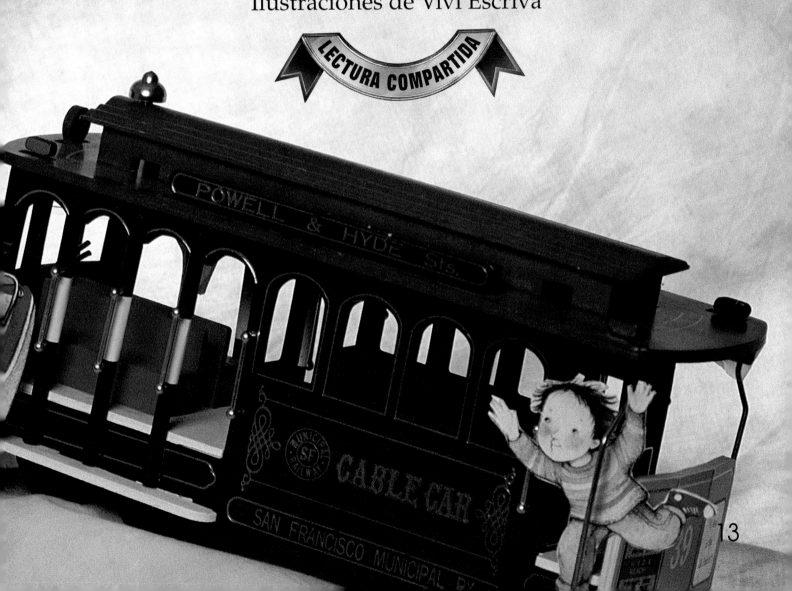

13

¡Qué hermosa mariposa azul!

Olmo salta.

Quiere la mariposa azul.

Olmo corre.

Quiere la mariposa azul.

Olmo va rápido.

Quiere la mariposa azul.

Olmo va muy rápido.

Quiere la mariposa azul.

Olmo va muy, muy rápido.

Quiere la mariposa azul.

25

Olmo va rapidísimo.

Quiere la mariposa azul.

Olmo navega.

Quiere la mariposa azul.

Olmo vuela.

Quiere la mariposa azul.

Olmo sigue volando.

Quiere la mariposa azul.

Olmo, la mariposa azul está contigo . . .

. . . dondequiera que estés.

Las mariposas

Bailarinas de la brisa
las alegres mariposas
tocan, tocan por el aire
sus castañuelas sedosas.

Isabel Freire de Matos

Iba un niño travieso

Iba un niño travieso
cazando mariposas;
las cazaba el bribón, les daba un beso,
y después las soltaba entre las rosas.

José Martí
Ilustración de Richard Gamboa

39

ANIMALES LISTOS

¿Crees tú que los animales son listos? Ahora vas a conocer algunos que de veras lo son. Una hormiguita que viaja muy lejos y muchas cosas que le pasan a un gato.

La hormiga cojita

Rota la patita,
sin poder andar
la pobre hormiguita
se puso a llorar:

—A ver cómo voy,
¡cojita que estoy...!
La oyó un caracol:
—No llore, señora,
la llevaré yo...

A ochenta por hora
pasó una tortuga:
—¡Suba, suba, suba...!
Pero un gorrión
la cogió en su pico
y se la llevó...
Así es cómo fue
la pobre hormiguita
cojita
volando a Belén.

Joaquín González Estrada

Ilustración de Howard Maat

43

El rabo de Gato

Clarita Kohen

Ilustraciones de José Ramón Sánchez

45

Gata dibuja un garabato

en el rabo de Gato.

Gata mete en el zapato

el rabo de Gato.

Gata pone en un plato

el rabo de Gato.

Gata pinta el retrato

con el rabo de Gato.

Gata se queda al rato

sin el rabo de Gato.

¿Dónde está?

Está muy bien escondido.
¿Lo puedes encontrar?

PRUEBO COSAS NUEVAS

¿Te gusta probar cosas nuevas?
¿Te imaginas cosas divertidas?
Mira lo que Rita piensa cuando
se pone su abrigo nuevo.

El mar

Si el mar fuera una enorme naranjada
yo probaría media cucharada,

pero como es de avena
lo dejo allí en la arena,
porque la sopa no me gusta nada.

María Elena Walsh

Ilustración de Misuk Pak

Un abrigo crecedero

Margarita Menéndez

A Rita le han comprado un abrigo

crecedero.

Cuando pasea con su abrigo
saluda a sus amigos.

—Rita tiene un abrigo nuevo —dice Pío.

Su sombra cambia
cuando lo lleva puesto.
Puede ser un elefante.

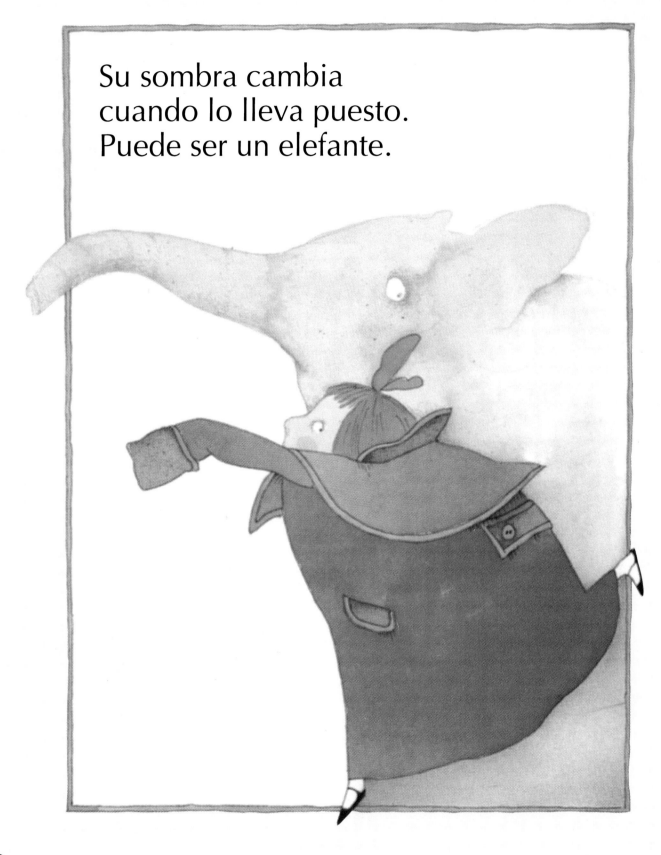

O un fantasma.

UUUUUH

Guarda todos sus juguetes

dentro de su abrigo.

Aunque llueva mucho

no necesita paraguas.

Cuando Rita no quiere recibir visitas se esconde.

En las fiestas es la más elegante.

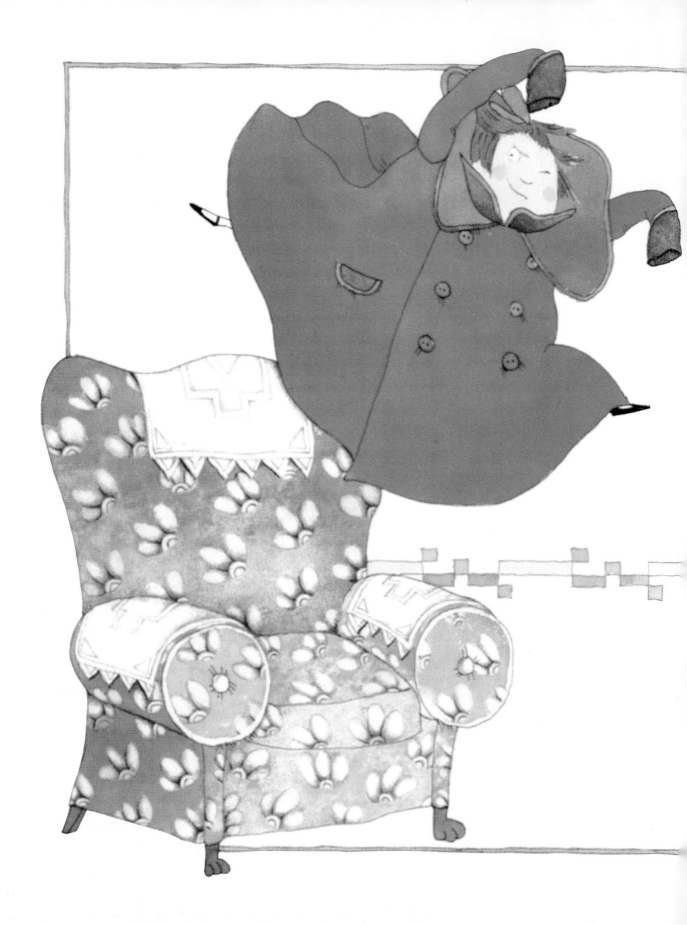

¡Y puede saltar sin paracaídas!
—Rita —dice Pío—, tu abrigo es

maravilloso.

Por el alto río

Por el alto río,
por la bajamar,
Sapito y Sapón
se han ido a jugar.

En una barquita
de plata y cristal,
ayer por la tarde
los vieron pasar.

¡Qué suave era el viento,
qué azul era el mar,
qué blancas las nubes
en lento vagar,
qué alegres las islas
de rojo coral!

79

Por el alto río,
por la bajamar,
Sapito y Sapón
se han ido a jugar.

Fragmento

Nicolás Guillén

Ilustración de Gina Menicucci